Co

12 Cycles of 16 Lessons:

Lesson 1 | Indicative (Present, Imperfect, Future)

Lesson 2 | Indicative (1st Aorist, 2nd Aorist, Perfect)

Lesson 3 | Subjunctive

Lesson 4 | Imperative, Infinitive

Lesson 5 | εἰμί (Indicative, Subjunctive, Imperative, Infinitive)

Lesson 6 | Articles, Relative Pronouns, Noun Case Endings

Lesson 7 | Participle (Present)

Lesson 8 | Participle (Aorist: Active, Middle)

Lesson 9 | Participle (Aorist: Passive); εἰμί (Participle)

Lesson 10 | Participle (Perfect)

Lesson 11 | μι Verbs (I)

Lesson 12 | μι Verbs (II)

Lesson 13 | Pluperfect; Optative

Lesson 14 | Periphrastic Construction; Preposition + Infinitive

Lesson 15 | Prepositions; Personal Pronouns

Lesson 16 | Principal Parts of Difficult Verbs

Answer Key (final pages)

How to Use This Journal

1. Select a brief passage to read from the Greek NT.
2. Identify two unfamiliar vocabulary words from the passage to memorize.
3. Complete the paradigm, consulting the answer key as needed.

Date	1/1/18	NT Reading	Romans 1:1-7		2

Unfamiliar Vocabulary	ἀφορίζω – to separate
	ὁρίζω – to appoint, designate

		Indicative		
		1st Aorist	2nd Aorist	Perfect
Active	1S	ἔλυσα	ἔλαβον	λέλυκα
	2S	ἔλυσας	ἔλαβες	λέλυκας
	3S	ἔλυσε(ν)	ἔλαβε(ν)	λέλυκε(ν)
	1P	ἐλύσαμεν	ἐλάβομεν	λελύκαμεν
	2P	ἐλύσατε	ἐλάβετε	λελύκατε
	3P	ἔλυσαν	ἔλαβον	λελύκασι(ν)
Middle	1S	ἐλυσάμην	ἐγενόμην	λέλυμαι
	2S	ἐλύσω	ἐγένου	λέλυσαι
	3S	ἐλύσατο	ἐγένετο	λέλυται
	1P	ἐλυσάμεθα	ἐγενόμεθα	λελύμεθα
	2P	ἐλύσασθε	ἐγένεσθε	λέλυσθε
	3P	ἐλύσαντο	ἐγένοντο	λέλυνται
Passive	1S	ἐλύθην	ἐγράφην	
	2S	ἐλύθης	ἐγράφης	
	3S	ἐλύθη	ἐγράφη	Same as Middle
	1P	ἐλύθημεν	ἐγράφημεν	
	2P	ἐλύθητε	ἐγράφητε	
	3P	ἐλύθησαν	ἐγράφησαν	

1

Date		NT Reading		
Unfamiliar Vocabulary				

		Indicative		
		Present	Imperfect	Future
Active	1S			
	2S			
	3S			
	1P			
	2P			
	3P			
Middle	1S			
	2S			
	3S			
	1P			
	2P			
	3P			
Passive	1S	Same as Middle	Same as Middle	
	2S			
	3S			
	1P			
	2P			
	3P			

2

Date		NT Reading		
Unfamiliar Vocabulary				

		Indicative		
		1st Aorist	2nd Aorist	Perfect
Active	1S			
	2S			
	3S			
	1P			
	2P			
	3P			
Middle	1S			
	2S			
	3S			
	1P			
	2P			
	3P			
Passive	1S			Same as Middle
	2S			
	3S			
	1P			
	2P			
	3P			

		Present	Subjunctive 1st Aorist	2nd Aorist
Active	1S			
	2S			
	3S			
	1P			
	2P			
	3P			
Middle	1S			
	2S			
	3S			
	1P			
	2P			
	3P			
Passive	1S	Same as Middle		
	2S			
	3S			
	1P			
	2P			
	3P			

		Present Imperative	1st Aorist	2nd Aorist
Active	2S			
	3S			
	2P			
	3P			
Middle	2S			
	3S			
	2P			
	3P			
Passive	2S	Same as Middle		
	3S			
	2P			
	3P			

	Present	Future	1st Aorist
A		Infinitive	
M			
P			
A	2nd Aorist	Perfect	
M			
P			

5

Date	NT Reading
Unfamiliar Vocabulary	

εἰμί

	Indicative		
	Present	Imperfect	Future
1S			
2S			
3S			
1P			
2P			
3P			

	Subjunctive	Imperative
	Present	Present
1S		
2S		
3S		
1P		
2P		
3P		

	Infinitive	
	Present	Future

6

Date	NT Reading
Unfamiliar Vocabulary	

	Article			Relative Pronoun		
	M	N	F	M	N	F
SN						
SG						
SD						
SA						
PN						
PG						
PD						
PA						

Noun Case Endings

	1st & 2nd Declension			3rd Declension	
	M	N	F	M/F	N
SN					
SG					
SD					
SA					
PN					
PG					
PD					
PA					

Participle Present

	M	N	F
Active			
SN			
SG			
SD			
SA			
PN			
PG			
PD			
PA			
Middle / Passive			
SN			
SG			
SD			
SA			
PN			
PG			
PD			
PA			

Participle 1st Aorist

	M	N	F
Active			
SN			
SG			
SD			
SA			
PN			
PG			
PD			
PA			
Middle			
SN			
SG			
SD			
SA			
PN			
PG			
PD			
PA			

Unfamiliar Vocabulary

Participle — 1ˢᵗ Aorist — Passive

	M	N	F
SN			
SG			
SD			
SA			
PN			
PG			
PD			
PA			

εἰμί — Participle

	M	N	F
SN			
SG			
SD			
SA			
PN			
PG			
PD			
PA			

Unfamiliar Vocabulary

Participle — Perfect

	M	N	F
Active			
SN			
SG			
SD			
SA			
PN			
PG			
PD			
PA			
Middle/Passive			
SN			
SG			
SD			
SA			
PN			
PG			
PD			
PA			

Unfamiliar Vocabulary

μι Verbs

Indicative

Active	Present	Imperfect	Future
1S			
2S			
3S			
1P			
2P			
3P			

Active	Aorist	Perfect
1S		
2S		
3S		
1P		
2P		
3P		

Infinitive

	Present	Aorist
Active		
Middle		
Passive		

Unfamiliar Vocabulary

μι Verbs

	Subjunctive		Imperative	
Active	Present	Aorist	Present	Aorist
1S				
2S				
3S				
1P				
2P				
3P				

Participle

	M		N		F	

	Present				Aorist					
	Active		Mid/Pas		Active		Middle		Passive	
	N	G	N	G	N	G	N	G	N	G

Page 13

Unfamiliar Vocabulary

		Indicative	Optative
		Pluperfect	Present
Active	1S		
	2S		
	3S		
	1P		
	2P		
	3P		
Middle/Passive	1S		
	2S		
	3S		
	1P		
	2P		
	3P		

Tense	Meaning
	the effects of the past action are still felt
	the effects of the past action were felt for some time after the action, but they are no longer felt

Mood	Meaning
	probability or possibility
	wish

Page 14

Unfamiliar Vocabulary

Periphrastic Construction (εἰμί + participle)

Tense of εἰμί	Tense of Participle	Tense
Present	Present	
Imperfect	Present	
Future		
Present	Perfect	
Imperfect		

Construction	Typical Meaning
εἰς + infinitive	
πρός + infinitive	
ὥστε + infinitive	
μετά + infinitive	
ἐν + infinitive	
πρίν + infinitive	
πρό + infinitive	
διά + infinitive	
genitive articular infinitive (τοῦ + inf)	
anarthrous infinitive	

Unfamiliar Vocabulary

Prepositions

Prep		Definition
ἀπό	G	
διά	G	
	A	
εἰς	A	
ἐκ	G	
ἐν	D	
ἐπί	G	
	D	
	A	
κατά	G	
	A	
μετά	G	
	A	

παρά	G	
	D	
	A	
περί	G	
	A	
πρό	G	
πρός	A	
	G	
	D	
σύν	D	
ὑπέρ	G	
	A	
ὑπό	G	
	A	

Personal Pronouns

	Singular		Plural	
	1st person	2nd person	1st person	2nd person
N				
G				
D				
A				

Unfamiliar Vocabulary

Principle Parts of Difficult Verbs

		Future	Aorist	Perfect
ἔρχομαι	P			
	M			
	A			
ἐσθίω	P			
	M			
	A			
λέγω	P			
	M			
	A			
οἶδα	P			
	M			
	A			
ὁράω	P			
	M			
	A			
φέρω	P			
	M			
	A			

1

Unfamiliar Vocabulary

		Indicative		
		Present	Imperfect	Future
Active	1S			
	2S			
	3S			
	1P			
	2P			
	3P			
Middle	1S			
	2S			
	3S			
	1P			
	2P			
	3P			
Passive	1S		Same as Middle	Same as Middle
	2S			
	3S			
	1P			
	2P			
	3P			

2

Unfamiliar Vocabulary

		Indicative		
		1st Aorist	2nd Aorist	Perfect
Active	1S			
	2S			
	3S			
	1P			
	2P			
	3P			
Middle	1S			
	2S			
	3S			
	1P			
	2P			
	3P			
Passive	1S			Same as Middle
	2S			
	3S			
	1P			
	2P			
	3P			

Unfamiliar Vocabulary

	Present	Subjunctive 1st Aorist	2nd Aorist
Active			
1S			
2S			
3S			
1P			
2P			
3P			
Middle			
1S			
2S			
3S			
1P			
2P			
3P			
Passive			
1S			
2S			
3S		Same as Middle	
1P			
2P			
3P			

Unfamiliar Vocabulary

	Imperative Present	1st Aorist	2nd Aorist
Active			
2S			
3S			
2P			
3P			
Middle			
2S			
3S			
2P			
3P			
Passive			
2S		Same as Middle	
3S			
2P			
3P			

	Present	Future	1st Aorist
Infinitive			
A			
M			
P			
	2nd Aorist	Perfect	
A			
M			
P			

Date _____ NT Reading _____

Unfamiliar Vocabulary _____

εἰμί

	Indicative		
	Present	Imperfect	Future
1S			
2S			
3S			
1P			
2P			
3P			

	Subjunctive	Imperative
	Present	Present
1S		
2S		
3S		
1P		
2P		
3P		

	Infinitive	
	Present	Future

Date _____ NT Reading _____

Unfamiliar Vocabulary _____

	Article			Relative Pronoun		
	M	N	F	M	N	F
SN						
SG						
SD						
SA						
PN						
PG						
PD						
PA						

Noun Case Endings

	1st & 2nd Declension			3rd Declension	
	M	N	F	M/F	N
SN					
SG					
SD					
SA					
PN					
PG					
PD					
PA					

Page 7

Date	Unfamiliar Vocabulary	NT Reading	7

Participle Present

	M	N	F
Active			
SN			
SG			
SD			
SA			
PN			
PG			
PD			
PA			
Middle / Passive			
SN			
SG			
SD			
SA			
PN			
PG			
PD			
PA			

Page 8

Date	Unfamiliar Vocabulary	NT Reading	8

Participle 1st Aorist

	M	N	F
Active			
SN			
SG			
SD			
SA			
PN			
PG			
PD			
PA			
Middle			
SN			
SG			
SD			
SA			
PN			
PG			
PD			
PA			

Participle — 1st Aorist

Unfamiliar Vocabulary

Passive	M	N	F
SN			
SG			
SD			
SA			
PN			
PG			
PD			
PA			

εἰμί — Participle

	M	N	F
SN			
SG			
SD			
SA			
PN			
PG			
PD			
PA			

Participle — Perfect

Unfamiliar Vocabulary

Active	M	N	F
SN			
SG			
SD			
SA			
PN			
PG			
PD			
PA			

Middle/Passive	M	N	F
SN			
SG			
SD			
SA			
PN			
PG			
PD			
PA			

Date	Unfamiliar Vocabulary	NT Reading

μι Verbs

Indicative

Active	Present	Imperfect	Future
1S			
2S			
3S			
1P			
2P			
3P			

Active	Aorist	Perfect
1S		
2S		
3S		
1P		
2P		
3P		

Infinitive

	Present	Aorist
Active		
Middle		
Passive		

Date	Unfamiliar Vocabulary	NT Reading

μι Verbs

	Subjunctive		Imperative	
Active	Present	Aorist	Present	Aorist
1S				
2S				
3S				
1P				
2P				
3P				

Participle

	M		N		F	

	Present				Aorist					
	Active		Mid/Pas		Active		Middle		Passive	
	N	G	N	G	N	G	N	G	N	G

Unfamiliar Vocabulary

	Indicative	Optative
	Pluperfect	Present
Active		
1S		
2S		
3S		
1P		
2P		
3P		
Middle/Passive		
1S		
2S		
3S		
1P		
2P		
3P		

Tense	Meaning
	the effects of the past action are still felt
	the effects of the past action were felt for some time after the action, but they are no longer felt

Mood	Meaning
	probability or possibility
	wish

Unfamiliar Vocabulary

Periphrastic Construction (εἰμί + participle)

Tense of εἰμί	Tense of Participle	Tense
Present	Present	
Imperfect	Present	
Future		
Present	Perfect	
Imperfect		

Construction	Typical Meaning
εἰς + infinitive	
πρός + infinitive	
ὥστε + infinitive	
μετά + infinitive	
ἐν + infinitive	
πρίν + infinitive	
πρό + infinitive	
διά + infinitive	
genitive articular infinitive (τοῦ + inf)	
anarthrous infinitive	

Unfamiliar Vocabulary

Prep		Definition
ἀπό	G	
διά	G	
	A	
εἰς	A	
ἐκ	G	
ἐν	D	
ἐπί	G	
	D	
	A	
κατά	G	
	A	
μετά	G	
	A	
παρά	G	
	D	
	A	
περί	G	
	A	
πρό	G	
πρός	A	
σύν	D	
ὑπέρ	G	
	A	
ὑπό	G	
	A	

Personal Pronouns

	Singular		Plural	
	1st person	2nd person	1st person	2nd person
N				
G				
D				
A				

Unfamiliar Vocabulary

Principle Parts of Difficult Verbs

		Future	Aorist	Perfect
ἔρχομαι	A			
	M			
	P			
ἐσθίω	A			
	M			
	P			
λέγω	A			
	M			
	P			
οἶδα	A			
	M			
	P			
ὁράω	A			
	M			
	P			
φέρω	A			
	M			
	P			

1

Date: _____ NT Reading: _____

Unfamiliar Vocabulary: _____

		Indicative		
		Present	Imperfect	Future
Active	1S			
	2S			
	3S			
	1P			
	2P			
	3P			
Middle	1S			
	2S			
	3S			
	1P			
	2P			
	3P			
Passive	1S	Same as Middle	Same as Middle	
	2S			
	3S			
	1P			
	2P			
	3P			

2

Date: _____ NT Reading: _____

Unfamiliar Vocabulary: _____

		Indicative		
		1st Aorist	2nd Aorist	Perfect
Active	1S			
	2S			
	3S			
	1P			
	2P			
	3P			
Middle	1S			
	2S			
	3S			
	1P			
	2P			
	3P			
Passive	1S			Same as Middle
	2S			
	3S			
	1P			
	2P			
	3P			

Unfamiliar Vocabulary

	Present	Subjunctive 1st Aorist	2nd Aorist
Active 1S			
2S			
3S			
1P			
2P			
3P			
Middle 1S			
2S			
3S			
1P			
2P			
3P			
Passive 1S	Same as Middle		
2S			
3S			
1P			
2P			
3P			

Unfamiliar Vocabulary

	Present	Imperative 1st Aorist	2nd Aorist
Active 2S			
3S			
2P			
3P			
Middle 2S			
3S			
2P			
3P			
Passive 2S	Same as Middle		
3S			
2P			
3P			

Infinitive

	Present	Future	1st Aorist
A			
M			
P			

	2nd Aorist	Perfect	
A			
M			
P			

Unfamiliar Vocabulary

εἰμί

	Indicative		
	Present	Imperfect	Future
1S			
2S			
3S			
1P			
2P			
3P			

	Subjunctive	Imperative
	Present	Present
1S		
2S		
3S		
1P		
2P		
3P		

	Infinitive	
	Present	Future

Unfamiliar Vocabulary

	Article			Relative Pronoun		
	M	N	F	M	N	F
SN						
SG						
SD						
SA						
PN						
PG						
PD						
PA						

Noun Case Endings

	1st & 2nd Declension			3rd Declension	
	M	N	F	M/F	N
SN					
SG					
SD					
SA					
PN					
PG					
PD					
PA					

Date	Unfamiliar Vocabulary	NT Reading

Participle Present

		M	N	F
Active	SN			
	SG			
	SD			
	SA			
	PN			
	PG			
	PD			
	PA			
Middle / Passive	SN			
	SG			
	SD			
	SA			
	PN			
	PG			
	PD			
	PA			

Date	Unfamiliar Vocabulary	NT Reading

Participle 1st Aorist

		M	N	F
Active	SN			
	SG			
	SD			
	SA			
	PN			
	PG			
	PD			
	PA			
Middle	SN			
	SG			
	SD			
	SA			
	PN			
	PG			
	PD			
	PA			

Unfamiliar Vocabulary

Participle — 1ˢᵗ Aorist

Passive

	M	N	F
SN			
SG			
SD			
SA			
PN			
PG			
PD			
PA			

εἰμί — Participle

	M	N	F
SN			
SG			
SD			
SA			
PN			
PG			
PD			
PA			

Unfamiliar Vocabulary

Participle — Perfect

	M	N	F
Active			
SN			
SG			
SD			
SA			
PN			
PG			
PD			
PA			
Middle/Passive			
SN			
SG			
SD			
SA			
PN			
PG			
PD			
PA			

Unfamiliar Vocabulary

μι Verbs

Indicative

	Present	Imperfect	Future
Active 1S			
2S			
3S			
1P			
2P			
3P			

	Aorist	Perfect
Active 1S		
2S		
3S		
1P		
2P		
3P		

Infinitive

	Present	Aorist
Active		
Middle		
Passive		

Unfamiliar Vocabulary

μι Verbs

Subjunctive / Imperative

	Subjunctive		Imperative	
	Present	Aorist	Present	Aorist
Active 1S				
2S				
3S				
1P				
2P				
3P				

Participle

	M	N	F

	Present				Aorist					
	Active		Mid/Pas		Active		Middle		Passive	
	N	G	N	G	N	G	N	G	N	G

Unfamiliar Vocabulary

		Indicative	Optative
		Pluperfect	Present
Active	1S		
	2S		
	3S		
	1P		
	2P		
	3P		
Middle/Passive	1S		
	2S		
	3S		
	1P		
	2P		
	3P		

Tense	Meaning
	the effects of the past action are still felt
	the effects of the past action were felt for some time after the action, but they are no longer felt

Mood	Meaning
	probability or possibility
	wish

Unfamiliar Vocabulary

Periphrastic Construction (εἰμί + participle)

Tense of εἰμί	Tense of Participle	Tense
Present		
Imperfect	Present	
Future		
Present	Perfect	
Imperfect		

Construction	Typical Meaning
εἰς + infinitive	
πρός + infinitive	
ὥστε + infinitive	
μετά + infinitive	
ἐν + infinitive	
πρίν + infinitive	
πρό + infinitive	
διά + infinitive	
genitive articular infinitive (τοῦ + inf)	
anarthrous infinitive	

Unfamiliar Vocabulary

Prep		Definition		
ἀπό	G		παρά	G
				D
διά	G		περί	G
	A			A
εἰς	A		πρό	G
ἐκ	G		πρός	A
ἐν	D		σύν	D
ἐπί	G		ὑπέρ	G
	D			A
	A			
κατά	G		ὑπό	G
	A			A
μετά	G			
	A			

Personal Pronouns

	Singular		Plural	
	1st person	2nd person	1st person	2nd person
N				
G				
D				
A				

Unfamiliar Vocabulary

Principle Parts of Difficult Verbs

		Future	Aorist	Perfect
ἔρχομαι	A			
	M			
	P			
ἐσθίω	A			
	M			
	P			
λέγω	A			
	M			
	P			
οἶδα	A			
	M			
	P			
ὁράω	A			
	M			
	P			
φέρω	A			
	M			
	P			

Unfamiliar Vocabulary

	Indicative		
	Present	Imperfect	Future
Active 1S			
2S			
3S			
1P			
2P			
3P			
Middle 1S			
2S			
3S			
1P			
2P			
3P			
Passive 1S	Same as Middle	Same as Middle	
2S			
3S			
1P			
2P			
3P			

Unfamiliar Vocabulary

	Indicative		
	1st Aorist	2nd Aorist	Perfect
Active 1S			
2S			
3S			
1P			
2P			
3P			
Middle 1S			
2S			
3S			
1P			
2P			
3P			
Passive 1S			Same as Middle
2S			
3S			
1P			
2P			
3P			

Date		NT Reading
Unfamiliar Vocabulary		

	Present	Subjunctive 1st Aorist	2nd Aorist
Active 1S			
2S			
3S			
1P			
2P			
3P			
Middle 1S			
2S			
3S			
1P			
2P			
3P			
Passive 1S	Same as Middle		
2S			
3S			
1P			
2P			
3P			

Date		NT Reading
Unfamiliar Vocabulary		

	Present	Imperative 1st Aorist	2nd Aorist
Active 2S			
3S			
2P			
3P			
Middle 2S			
3S			
2P			
3P			
Passive 2S	Same as Middle		
3S			
2P			
3P			

	Present	Infinitive Future	1st Aorist
A			
M			
P			

	2nd Aorist	Perfect	
A			
M			
P			

Unfamiliar Vocabulary

	Article			Relative Pronoun		
	M	N	F	M	N	F
SN						
SG						
SD						
SA						
PN						
PG						
PD						
PA						

Noun Case Endings

	1st & 2nd Declension			3rd Declension	
	M	N	F	M/F	N
SN					
SG					
SD					
SA					
PN					
PG					
PD					
PA					

Unfamiliar Vocabulary

εἰμί

Indicative	Present	Imperfect	Future
1S			
2S			
3S			
1P			
2P			
3P			

	Subjunctive Present	Imperative Present
1S		
2S		
3S		
1P		
2P		
3P		

Infinitive	Present	Future

Page 7

Unfamiliar Vocabulary

Participle — Present

	Active								Middle / Passive							
	SN	SG	SD	SA	PN	PG	PD	PA	SN	SG	SD	SA	PN	PG	PD	PA
M																
N																
F																

Page 8

Unfamiliar Vocabulary

Participle — 1st Aorist

	Active								Middle							
	SN	SG	SD	SA	PN	PG	PD	PA	SN	SG	SD	SA	PN	PG	PD	PA
M																
N																
F																

Unfamiliar Vocabulary

Participle — 1st Aorist

Passive

	M	N	F
SN			
SG			
SD			
SA			
PN			
PG			
PD			
PA			

εἰμί — Participle

	M	N	F
SN			
SG			
SD			
SA			
PN			
PG			
PD			
PA			

Unfamiliar Vocabulary

Participle — Perfect

Active

	M	N	F
SN			
SG			
SD			
SA			
PN			
PG			
PD			
PA			

Middle/Passive

	M	N	F
SN			
SG			
SD			
SA			
PN			
PG			
PD			
PA			

Unfamiliar Vocabulary

μι Verbs

Indicative

Active	Present	Imperfect	Future
1S			
2S			
3S			
1P			
2P			
3P			

Active	Aorist	Perfect
1S		
2S		
3S		
1P		
2P		
3P		

Infinitive

	Present	Aorist
Active		
Middle		
Passive		

Unfamiliar Vocabulary

μι Verbs

Subjunctive / Imperative

Active	Subjunctive		Imperative	
	Present	Aorist	Present	Aorist
1S				
2S				
3S				
1P				
2P				
3P				

Participle

	M	N	F

	Present				Aorist					
	Active		Mid/Pas		Active		Middle		Passive	
	N	G	N	G	N	G	N	G	N	G

Unfamiliar Vocabulary

		Indicative	Optative
		Pluperfect	Present
Active	1S		
	2S		
	3S		
	1P		
	2P		
	3P		
Middle/Passive	1S		
	2S		
	3S		
	1P		
	2P		
	3P		

Tense	Meaning
	the effects of the past action are still felt
	the effects of the past action were felt for some time after the action, but they are no longer felt

Mood	Meaning
	probability or possibility
	wish

Unfamiliar Vocabulary

Periphrastic Construction (εἰμί + participle)

Tense of εἰμί	Tense of Participle	Tense
Present	Present	
Imperfect	Present	
Future		
Present	Perfect	
Imperfect		

Construction	Typical Meaning
εἰς + infinitive	
πρός + infinitive	
ὥστε + infinitive	
μετά + infinitive	
ἐν + infinitive	
πρίν + infinitive	
πρό + infinitive	
διά + infinitive	
genitive articular infinitive (τοῦ + inf)	
anarthrous infinitive	

Unfamiliar Vocabulary

Prep		Definition			
ἀπό	G				
διά	G				
	A				
εἰς	A		παρά	G	
ἐκ	G			D	
ἐν	D			A	
ἐπί	G		περί	G	
	D			A	
	A		πρό	G	
κατά	G		πρός	A	
	A		σύν	D	
μετά	G		ὑπέρ	G	
	A			A	
			ὑπό	G	
				A	

Personal Pronouns

	Singular		Plural	
	1st person	2nd person	1st person	2nd person
N				
G				
D				
A				

Unfamiliar Vocabulary

Principle Parts of Difficult Verbs

		Future	Aorist	Perfect
ἔρχομαι	P			
	M			
	A			
ἐσθίω	P			
	M			
	A			
λέγω	P			
	M			
	A			
οἶδα	P			
	M			
	A			
ὁράω	P			
	M			
	A			
φέρω	P			
	M			
	A			

Date		NT Reading	

Unfamiliar Vocabulary

		Indicative		
		Present	Imperfect	Future
Active	1S			
	2S			
	3S			
	1P			
	2P			
	3P			
Middle	1S			
	2S			
	3S			
	1P			
	2P			
	3P			
Passive	1S	Same as Middle	Same as Middle	
	2S			
	3S			
	1P			
	2P			
	3P			

Date		NT Reading	

Unfamiliar Vocabulary

		Indicative		
		1st Aorist	2nd Aorist	Perfect
Active	1S			
	2S			
	3S			
	1P			
	2P			
	3P			
Middle	1S			
	2S			
	3S			
	1P			
	2P			
	3P			
Passive	1S			Same as Middle
	2S			
	3S			
	1P			
	2P			
	3P			

Page 3

Unfamiliar Vocabulary	Present	Subjunctive 1st Aorist	2nd Aorist
Active 1S			
2S			
3S			
1P			
2P			
3P			
Middle 1S			
2S			
3S			
1P			
2P			
3P			
Passive 1S			
2S			
3S	Same as Middle		
1P			
2P			
3P			

Page 4

Unfamiliar Vocabulary	Imperative Present	1st Aorist	2nd Aorist
Active 2S			
3S			
2P			
3P			
Middle 2S			
3S			
2P			
3P			
Passive 2S			
3S	Same as Middle		
2P			
3P			

	Infinitive Present	Future	1st Aorist
A			
M			
P			

	2nd Aorist	Perfect	
A			
M			
P			

Unfamiliar Vocabulary

εἰμί

Indicative

	Present	Imperfect	Future
1S			
2S			
3S			
1P			
2P			
3P			

	Subjunctive Present	Imperative Present
1S		
2S		
3S		
1P		
2P		
3P		

Infinitive

Present	Future

Unfamiliar Vocabulary

	Article			Relative Pronoun		
	M	N	F	M	N	F
SN						
SG						
SD						
SA						
PN						
PG						
PD						
PA						

Noun Case Endings

	1st & 2nd Declension			3rd Declension	
	M	N	F	M/F	N
SN					
SG					
SD					
SA					
PN					
PG					
PD					
PA					

Page 7

Participle Present

	M	N	F
Active			
SN			
SG			
SD			
SA			
PN			
PG			
PD			
PA			
Middle / Passive			
SN			
SG			
SD			
SA			
PN			
PG			
PD			
PA			

Page 8

Participle 1st Aorist

	M	N	F
Active			
SN			
SG			
SD			
SA			
PN			
PG			
PD			
PA			
Middle			
SN			
SG			
SD			
SA			
PN			
PG			
PD			
PA			

Date | **NT Reading**

Unfamiliar Vocabulary

Participle — Perfect

	M	N	F
Active			
SN			
SG			
SD			
SA			
PN			
PG			
PD			
PA			
Middle/Passive			
SN			
SG			
SD			
SA			
PN			
PG			
PD			
PA			

Date | **NT Reading**

Unfamiliar Vocabulary

Participle — 1st Aorist

	M	N	F
Passive			
SN			
SG			
SD			
SA			
PN			
PG			
PD			
PA			

εἰμί — Participle

	M	N	F
SN			
SG			
SD			
SA			
PN			
PG			
PD			
PA			

μι Verbs — Indicative

	Present	Imperfect	Future
Active 1S			
2S			
3S			
1P			
2P			
3P			

	Aorist	Perfect
Active 1S		
2S		
3S		
1P		
2P		
3P		

Infinitive

	Present	Aorist
Active		
Middle		
Passive		

μι Verbs

	Subjunctive		Imperative	
	Present	Aorist	Present	Aorist
Active 1S				
2S				
3S				
1P				
2P				
3P				

Participle

	M		N		F	

	Present				Aorist					
	Active		Mid/Pas		Active		Middle		Passive	
	N	G	N	G	N	G	N	G	N	G

13

Unfamiliar Vocabulary

		Indicative	Optative
		Pluperfect	Present
Active	1S		
	2S		
	3S		
	1P		
	2P		
	3P		
Middle/Passive	1S		
	2S		
	3S		
	1P		
	2P		
	3P		

Tense	Meaning
	the effects of the past action are still felt
	the effects of the past action were felt for some time after the action, but they are no longer felt

Mood	Meaning
	probability or possibility
	wish

14

Unfamiliar Vocabulary

Periphrastic Construction (εἰμί + participle)

Tense of εἰμί	Tense of Participle	Tense
Present	Present	
Imperfect	Present	
Future		
Present	Perfect	
Imperfect	Perfect	

Construction	Typical Meaning
εἰς + infinitive	
πρός + infinitive	
ὥστε + infinitive	
μετά + infinitive	
ἐν + infinitive	
πρίν + infinitive	
πρό + infinitive	
διά + infinitive	
genitive articular infinitive (τοῦ + inf)	
anarthrous infinitive	

Unfamiliar Vocabulary

Prep		Definition			
ἀπό	G		παρά	G	
διά	G			D	
	A			A	
εἰς	A		περί	G	
ἐκ	G			A	
ἐν	D		πρό	G	
ἐπί	G		πρός	A	
	D		σύν	D	
	A		ὑπέρ	G	
κατά	G			A	
	A		ὑπό	G	
μετά	G			A	
	A				

Personal Pronouns

	Singular		Plural	
	1st person	2nd person	1st person	2nd person
N				
G				
D				
A				

Unfamiliar Vocabulary

Principle Parts of Difficult Verbs

		Future	Aorist	Perfect
ἔρχομαι	P			
	M			
	A			
ἐσθίω	P			
	M			
	A			
λέγω	P			
	M			
	A			
οἶδα	P			
	M			
	A			
ὁράω	P			
	M			
	A			
φέρω	P			
	M			
	A			

1

Date | NT Reading

Unfamiliar Vocabulary

		Indicative		
		Present	Imperfect	Future
Active	1S			
	2S			
	3S			
	1P			
	2P			
	3P			
Middle	1S			
	2S			
	3S			
	1P			
	2P			
	3P			
Passive	1S	Same as Middle	Same as Middle	
	2S			
	3S			
	1P			
	2P			
	3P			

2

Date | NT Reading

Unfamiliar Vocabulary

		Indicative		
		1st Aorist	2nd Aorist	Perfect
Active	1S			
	2S			
	3S			
	1P			
	2P			
	3P			
Middle	1S			
	2S			
	3S			
	1P			
	2P			
	3P			
Passive	1S			Same as Middle
	2S			
	3S			
	1P			
	2P			
	3P			

Page 3

Unfamiliar Vocabulary

Subjunctive

	Present	1st Aorist	2nd Aorist
Active			
1S			
2S			
3S			
1P			
2P			
3P			
Middle			
1S			
2S			
3S			
1P			
2P			
3P			
Passive	Same as Middle		
1S			
2S			
3S			
1P			
2P			
3P			

Page 4

Unfamiliar Vocabulary

Imperative

	Present	1st Aorist	2nd Aorist
Active			
2S			
3S			
2P			
3P			
Middle			
2S			
3S			
2P			
3P			
Passive	Same as Middle		
2S			
3S			
2P			
3P			

Infinitive

	Present	Future	1st Aorist
A			
M			
P			

	2nd Aorist	Perfect
A		
M		
P		

Date	NT Reading
Unfamiliar Vocabulary	

εἰμί

	Indicative			Subjunctive	Imperative
	Present	Imperfect	Future	Present	Present
1S					
2S					
3S					
1P					
2P					
3P					

Infinitive		
	Present	Future

Date	NT Reading
Unfamiliar Vocabulary	

	Article			Relative Pronoun		
	M	N	F	M	N	F
SN						
SG						
SD						
SA						
PN						
PG						
PD						
PA						

Noun Case Endings

	1st & 2nd Declension			3rd Declension	
	M	N	F	M/F	N
SN					
SG					
SD					
SA					
PN					
PG					
PD					
PA					

Unfamiliar Vocabulary

Participle Present

	M	N	F
Active			
SN			
SG			
SD			
SA			
PN			
PG			
PD			
PA			
Middle / Passive			
SN			
SG			
SD			
SA			
PN			
PG			
PD			
PA			

Unfamiliar Vocabulary

Participle 1st Aorist

	M	N	F
Active			
SN			
SG			
SD			
SA			
PN			
PG			
PD			
PA			
Middle			
SN			
SG			
SD			
SA			
PN			
PG			
PD			
PA			

Unfamiliar Vocabulary

Participle — 1st Aorist

Passive

	M	N	F
SN			
SG			
SD			
SA			
PN			
PG			
PD			
PA			

εἰμί — Participle

	M	N	F
SN			
SG			
SD			
SA			
PN			
PG			
PD			
PA			

Unfamiliar Vocabulary

Participle — Perfect

Active

	M	N	F
SN			
SG			
SD			
SA			
PN			
PG			
PD			
PA			

Middle/Passive

SN			
SG			
SD			
SA			
PN			
PG			
PD			
PA			

μι Verbs

Unfamiliar Vocabulary

Indicative

Active		Present	Imperfect	Future
Present	1S			
	2S			
	3S			
	1P			
	2P			
	3P			
Aorist	1S			
	2S			
	3S			
	1P			
	2P			
	3P			
Perfect				

Infinitive

	Present	Aorist
Active		
Middle		
Passive		

μι Verbs

Unfamiliar Vocabulary

Subjunctive / Imperative

Active		Subjunctive		Imperative	
		Present	Aorist	Present	Aorist
	1S				
	2S				
	3S				
	1P				
	2P				
	3P				

Participle

	Present		Aorist			
	Active		Mid/Pas			
	N	G	N	G		
	M					
	N					
	F					

	Present		Aorist			
	Active		Middle		Passive	
	N	G	N	G	N	G

Unfamiliar Vocabulary

		Indicative	Optative
		Pluperfect	Present
Active	1S		
	2S		
	3S		
	1P		
	2P		
	3P		
Middle/Passive	1S		
	2S		
	3S		
	1P		
	2P		
	3P		

Tense	Meaning
	the effects of the past action are still felt
	the effects of the past action were felt for some time after the action, but they are no longer felt

Mood	Meaning
	probability or possibility
	wish

Unfamiliar Vocabulary

Periphrastic Construction (εἰμί + participle)

Tense of εἰμί	Tense of Participle	Tense
Present	Present	
Imperfect	Present	
Future		
Present	Perfect	
Imperfect	Perfect	

Construction	Typical Meaning
εἰς + infinitive	
πρός + infinitive	
ὥστε + infinitive	
μετά + infinitive	
ἐν + infinitive	
πρίν + infinitive	
πρό + infinitive	
διά + infinitive	
genitive articular infinitive (τοῦ + inf)	
anarthrous infinitive	

Unfamiliar Vocabulary

Prep		Definition
ἀπό	G	
διά	G	
	A	
εἰς	A	
ἐκ	G	
ἐν	D	
ἐπί	G	
	D	
	A	
κατά	G	
	A	
μετά	G	
	A	

παρά	G		
	D		
	A		
περί	G		
	A		
πρό	G		
πρός	A		
σύν	D		
ὑπέρ	G		
	A		
ὑπό	G		
	A		

Personal Pronouns

	Singular		Plural	
	1st person	2nd person	1st person	2nd person
N				
G				
D				
A				

Unfamiliar Vocabulary

Principle Parts of Difficult Verbs

		Future	Aorist	Perfect
ἔρχομαι	P			
	M			
	A			
ἐσθίω	P			
	M			
	A			
λέγω	P			
	M			
	A			
οἶδα	P			
	M			
	A			
ὁράω	P			
	M			
	A			
φέρω	P			
	M			
	A			

Chart 1

Date | NT Reading | 1

Unfamiliar Vocabulary

		Indicative		
		Present	Imperfect	Future
Active	1S			
	2S			
	3S			
	1P			
	2P			
	3P			
Middle	1S			
	2S			
	3S			
	1P			
	2P			
	3P			
Passive	1S	Same as Middle	Same as Middle	
	2S			
	3S			
	1P			
	2P			
	3P			

Chart 2

Date | NT Reading | 2

Unfamiliar Vocabulary

		Indicative		
		1st Aorist	2nd Aorist	Perfect
Active	1S			
	2S			
	3S			
	1P			
	2P			
	3P			
Middle	1S			
	2S			
	3S			
	1P			
	2P			
	3P			
Passive	1S			Same as Middle
	2S			
	3S			
	1P			
	2P			
	3P			

		Present	Subjunctive 1st Aorist	2nd Aorist
Active	1S			
	2S			
	3S			
	1P			
	2P			
	3P			
Middle	1S			
	2S			
	3S			
	1P			
	2P			
	3P			
Passive	1S	Same as Middle		
	2S			
	3S			
	1P			
	2P			
	3P			

		Present	Imperative 1st Aorist	2nd Aorist
Active	2S			
	3S			
	2P			
	3P			
Middle	2S			
	3S			
	2P			
	3P			
Passive	2S	Same as Middle		
	3S			
	2P			
	3P			

Infinitive	Present	Future	1st Aorist
A			
M			
P			

	2nd Aorist	Perfect	
A			
M			
P			

Page 5

Unfamiliar Vocabulary

εἰμί

	Indicative		
	Present	Imperfect	Future
1S			
2S			
3S			
1P			
2P			
3P			

	Subjunctive	Imperative
	Present	Present
1S		
2S		
3S		
1P		
2P		
3P		

Infinitive	
Present	Future

Page 6

Unfamiliar Vocabulary

	Article			Relative Pronoun		
	M	N	F	M	N	F
SN						
SG						
SD						
SA						
PN						
PG						
PD						
PA						

Noun Case Endings

	1st & 2nd Declension			3rd Declension	
	M	N	F	M/F	N
SN					
SG					
SD					
SA					
PN					
PG					
PD					
PA					

Table (page 7)

Date		NT Reading

Unfamiliar Vocabulary

Participle — Present

		M	N	F
Active	SN			
	SG			
	SD			
	SA			
	PN			
	PG			
	PD			
	PA			
Middle / Passive	SN			
	SG			
	SD			
	SA			
	PN			
	PG			
	PD			
	PA			

Table (page 8)

Date		NT Reading

Unfamiliar Vocabulary

Participle — 1ˢᵗ Aorist

		M	N	F
Active	SN			
	SG			
	SD			
	SA			
	PN			
	PG			
	PD			
	PA			
Middle	SN			
	SG			
	SD			
	SA			
	PN			
	PG			
	PD			
	PA			

Date		NT Reading	

Unfamiliar Vocabulary

Participle
1st Aorist

	M	N	F
SN			
SG			
SD			
SA			
PN			
PG			
PD			
PA			

Passive

εἰμί
Participle

	M	N	F
SN			
SG			
SD			
SA			
PN			
PG			
PD			
PA			

Date		NT Reading	

Unfamiliar Vocabulary

Participle
Perfect

		M	N	F
Active	SN			
	SG			
	SD			
	SA			
	PN			
	PG			
	PD			
	PA			
Middle/Passive	SN			
	SG			
	SD			
	SA			
	PN			
	PG			
	PD			
	PA			

Unfamiliar Vocabulary

μι Verbs

Indicative

Active	Present	Imperfect	Future
1S			
2S			
3S			
1P			
2P			
3P			

Active	Aorist	Perfect
1S		
2S		
3S		
1P		
2P		
3P		

Infinitive

	Present	Aorist
Active		
Middle		
Passive		

Unfamiliar Vocabulary

μι Verbs

Subjunctive / Imperative

Active	Subjunctive		Imperative	
	Present	Aorist	Present	Aorist
1S				
2S				
3S				
1P				
2P				
3P				

Participle

	M	N	F

	Present				Aorist					
	Active		Mid/Pas		Active		Middle		Passive	
	N	G	N	G	N	G	N	G	N	G

Unfamiliar Vocabulary

		Indicative	Optative
		Pluperfect	Present
Active	1S		
	2S		
	3S		
	1P		
	2P		
	3P		
Middle/Passive	1S		
	2S		
	3S		
	1P		
	2P		
	3P		

Tense	Meaning
	the effects of the past action are still felt
	the effects of the past action were felt for some time after the action, but they are no longer felt

Mood	Meaning
	probability or possibility
	wish

Unfamiliar Vocabulary

Periphrastic Construction (εἰμί + participle)

Tense of εἰμί	Tense of Participle	Tense
Present	Present	
Imperfect	Present	
Future		
Present	Perfect	
Imperfect		

Construction	Typical Meaning
εἰς + infinitive	
πρός + infinitive	
ὥστε + infinitive	
μετά + infinitive	
ἐν + infinitive	
πρίν + infinitive	
πρό + infinitive	
διά + infinitive	
genitive articular infinitive (τοῦ + inf)	
anarthrous infinitive	

Unfamiliar Vocabulary

		Definition

Prep

Prep					
ἀπό	G		παρά	G	
διά	G			D	
	A			A	
εἰς	A		περί	G	
ἐκ	G			A	
ἐν	D		πρό	G	
ἐπί	G		πρός	A	
	D		σύν	D	
	A		ὑπέρ	G	
κατά	A			A	
	G		ὑπό	G	
μετά	G			A	
	A				

Personal Pronouns

	Singular		Plural	
	1st person	2nd person	1st person	2nd person
N				
G				
D				
A				

Unfamiliar Vocabulary

Principle Parts of Difficult Verbs

		Future	Aorist	Perfect
ἔρχομαι	P			
	M			
	A			
ἐσθίω	P			
	M			
	A			
λέγω	P			
	M			
	A			
οἶδα	P			
	M			
	A			
ὁράω	P			
	M			
	A			
φέρω	P			
	M			
	A			

1

Date		NT Reading	
Unfamiliar Vocabulary			

		Indicative		
		Present	Imperfect	Future
Active	1S			
	2S			
	3S			
	1P			
	2P			
	3P			
Middle	1S			
	2S			
	3S			
	1P			
	2P			
	3P			
Passive	1S	Same as Middle	Same as Middle	
	2S			
	3S			
	1P			
	2P			
	3P			

2

Date		NT Reading	
Unfamiliar Vocabulary			

		Indicative		
		1st Aorist	2nd Aorist	Perfect
Active	1S			
	2S			
	3S			
	1P			
	2P			
	3P			
Middle	1S			
	2S			
	3S			
	1P			
	2P			
	3P			
Passive	1S			Same as Middle
	2S			
	3S			
	1P			
	2P			
	3P			

Unfamiliar Vocabulary

	Present	Subjunctive 1st Aorist	2nd Aorist
Active 1S			
2S			
3S			
1P			
2P			
3P			
Middle 1S			
2S			
3S			
1P			
2P			
3P			
Passive 1S	Same as Middle		
2S			
3S			
1P			
2P			
3P			

Unfamiliar Vocabulary

	Present	Imperative 1st Aorist	2nd Aorist
Active 2S			
3S			
2P			
3P			
Middle 2S			
3S			
2P			
3P			
Passive 2S	Same as Middle		
3S			
2P			
3P			

Infinitive

	Present	Future	1st Aorist
A			
M			
P			

2nd Aorist / Perfect

	2nd Aorist	Perfect	
A			
M			
P			

5

Unfamiliar Vocabulary

εἰμί

	Indicative		
	Present	Imperfect	Future
1S			
2S			
3S			
1P			
2P			
3P			

	Subjunctive	Imperative
	Present	Present
1S		
2S		
3S		
1P		
2P		
3P		

	Infinitive	
	Present	Future

6

Unfamiliar Vocabulary

	Article			Relative Pronoun		
	M	N	F	M	N	F
SN						
SG						
SD						
SA						
PN						
PG						
PD						
PA						

Noun Case Endings

	1st & 2nd Declension			3rd Declension	
	M	N	F	M/F	N
SN					
SG					
SD					
SA					
PN					
PG					
PD					
PA					

Participle Present

Unfamiliar Vocabulary

		M	N	F
Active	SN			
	SG			
	SD			
	SA			
	PN			
	PG			
	PD			
	PA			
Middle / Passive	SN			
	SG			
	SD			
	SA			
	PN			
	PG			
	PD			
	PA			

Participle 1st Aorist

Unfamiliar Vocabulary

		M	N	F
Active	SN			
	SG			
	SD			
	SA			
	PN			
	PG			
	PD			
	PA			
Middle	SN			
	SG			
	SD			
	SA			
	PN			
	PG			
	PD			
	PA			

Unfamiliar Vocabulary

Participle — 1st Aorist

Passive	M	N	F
SN			
SG			
SD			
SA			
PN			
PG			
PD			
PA			

εἰμί — Participle

	M	N	F
SN			
SG			
SD			
SA			
PN			
PG			
PD			
PA			

Unfamiliar Vocabulary

Participle — Perfect

Active	M	N	F
SN			
SG			
SD			
SA			
PN			
PG			
PD			
PA			

Middle/Passive	M	N	F
SN			
SG			
SD			
SA			
PN			
PG			
PD			
PA			

Page 11

Unfamiliar Vocabulary

μι Verbs

Indicative

	Present	Imperfect	Future
Active 1S			
2S			
3S			
1P			
2P			
3P			

	Aorist	Perfect	
Active 1S			
2S			
3S			
1P			
2P			
3P			

Infinitive

	Present	Aorist
Active		
Middle		
Passive		

Page 12

Unfamiliar Vocabulary

μι Verbs

Subjunctive / Imperative

	Subjunctive		Imperative	
	Present	Aorist	Present	Aorist
Active 1S				
2S				
3S				
1P				
2P				
3P				

Participle

	M		N		F	

	Present				Aorist					
	Active		Mid/Pas		Active		Middle		Passive	
	N	G	N	G	N	G	N	G	N	G

Unfamiliar Vocabulary

		Indicative	Optative
		Pluperfect	Present
Active	1S		
	2S		
	3S		
	1P		
	2P		
	3P		
Middle/Passive	1S		
	2S		
	3S		
	1P		
	2P		
	3P		

Tense	Meaning
	the effects of the past action are still felt
	the effects of the past action were felt for some time after the action, but they are no longer felt

Mood	Meaning
	probability or possibility
	wish

Unfamiliar Vocabulary

Periphrastic Construction (εἰμί + participle)

Tense of εἰμί	Tense of Participle	Tense
Present		
Imperfect	Present	
Future		
Present	Perfect	
Imperfect		

Construction	Typical Meaning
εἰς + infinitive	
πρός + infinitive	
ὥστε + infinitive	
μετά + infinitive	
ἐν + infinitive	
πρίν + infinitive	
πρό + infinitive	
διά + infinitive	
genitive articular infinitive (τοῦ + inf)	
anarthrous infinitive	

Unfamiliar Vocabulary

Prep		Definition	
ἀπό	G		
διά	G		
	A		
εἰς	A		
ἐκ	G		
ἐν	D		
ἐπί	G		
	D		
	A		
κατά	G		
	A		
μετά	G		
	A		
παρά	G		
	D		
	A		
περί	G		
	A		
πρό	G		
πρός	A		
σύν	D		
ὑπέρ	G		
	A		
ὑπό	G		
	A		

Personal Pronouns

	Singular		Plural	
	1st person	2nd person	1st person	2nd person
N				
G				
D				
A				

Unfamiliar Vocabulary

Principle Parts of Difficult Verbs

		Future	Aorist	Perfect
ἔρχομαι	P			
	M			
	A			
ἐσθίω	P			
	M			
	A			
λέγω	P			
	M			
	A			
οἶδα	P			
	M			
	A			
ὀράω	P			
	M			
	A			
φέρω	P			
	M			
	A			

Date: _____ **NT Reading:** _____

Unfamiliar Vocabulary: _____

Indicative

		Present	Imperfect	Future
Active	1S			
	2S			
	3S			
	1P			
	2P			
	3P			
Middle	1S			
	2S			
	3S			
	1P			
	2P			
	3P			
Passive	1S	Same as Middle	Same as Middle	
	2S			
	3S			
	1P			
	2P			
	3P			

Date: _____ **NT Reading:** _____

Unfamiliar Vocabulary: _____

Indicative

		1st Aorist	2nd Aorist	Perfect
Active	1S			
	2S			
	3S			
	1P			
	2P			
	3P			
Middle	1S			
	2S			
	3S			
	1P			
	2P			
	3P			
Passive	1S			Same as Middle
	2S			
	3S			
	1P			
	2P			
	3P			

Page 3

Unfamiliar Vocabulary		Present	Subjunctive 1st Aorist	2nd Aorist
Active	1S			
	2S			
	3S			
	1P			
	2P			
	3P			
Middle	1S			
	2S			
	3S			
	1P			
	2P			
	3P			
Passive	1S	Same as Middle		
	2S			
	3S			
	1P			
	2P			
	3P			

Page 4

Unfamiliar Vocabulary		Present	Imperative 1st Aorist	2nd Aorist
Active	2S			
	3S			
	2P			
	3P			
Middle	2S			
	3S			
	2P			
	3P			
Passive	2S	Same as Middle		
	3S			
	2P			
	3P			

Infinitive	Present	Future	1st Aorist
A			
M	Present		
P			
A		Perfect	
M	2nd Aorist		
P			

5

Unfamiliar Vocabulary

εἰμί

	Indicative		
	Present	Imperfect	Future
1S			
2S			
3S			
1P			
2P			
3P			

	Subjunctive	Imperative
	Present	Present
1S		
2S		
3S		
1P		
2P		
3P		

	Infinitive	
	Present	Future

6

Unfamiliar Vocabulary

	Article			Relative Pronoun		
	M	N	F	M	N	F
SN						
SG						
SD						
SA						
PN						
PG						
PD						
PA						

Noun Case Endings

	1st & 2nd Declension			3rd Declension	
	M	N	F	M/F	N
SN					
SG					
SD					
SA					
PN					
PG					
PD					
PA					

Participle Present

	M	N	F
Active			
SN			
SG			
SD			
SA			
PN			
PG			
PD			
PA			
Middle / Passive			
SN			
SG			
SD			
SA			
PN			
PG			
PD			
PA			

Participle 1st Aorist

	M	N	F
Active			
SN			
SG			
SD			
SA			
PN			
PG			
PD			
PA			
Middle			
SN			
SG			
SD			
SA			
PN			
PG			
PD			
PA			

Date		NT Reading	

Unfamiliar Vocabulary

Participle
1st Aorist

	M	N	F
SN			
SG			
SD			
SA			
PN			
PG			
PD			
PA			

Passive

εἰμί
Participle

	M	N	F
SN			
SG			
SD			
SA			
PN			
PG			
PD			
PA			

Date		NT Reading	

Unfamiliar Vocabulary

Participle
Perfect

	M	N	F
SN			
SG			
SD			
SA			
PN			
PG			
PD			
PA			

Active

	M	N	F
SN			
SG			
SD			
SA			
PN			
PG			
PD			
PA			

Middle/Passive

Unfamiliar Vocabulary

μι Verbs

Indicative

	Present	Imperfect	Future
1S			
2S			
3S			
1P			
2P			
3P			

	Present	Perfect
1S		
2S		
3S		
1P		
2P		
3P		

Infinitive

	Present	Aorist
Active		
Middle		
Passive		

Unfamiliar Vocabulary

μι Verbs

Subjunctive / Imperative

	Subjunctive Present	Subjunctive Aorist	Imperative Present	Imperative Aorist
1S				
2S				
3S				
1P				
2P				
3P				

Participle

	Present Active		Present Mid/Pas		Aorist Active		Aorist Middle		Aorist Passive	
	N	G	N	G	N	G	N	G	N	G
M										
N										
F										

Page 13

Unfamiliar Vocabulary

		Indicative		Optative
		Pluperfect		Present
Active	1S			
	2S			
	3S			
	1P			
	2P			
	3P			
Middle/Passive	1S			
	2S			
	3S			
	1P			
	2P			
	3P			

Tense	Meaning
	the effects of the past action are still felt
	the effects of the past action were felt for some time after the action, but they are no longer felt

Mood	Meaning
	probability or possibility
	wish

Page 14

Unfamiliar Vocabulary

Periphrastic Construction (εἰμί + participle)

Tense of εἰμί	Tense of Participle	Tense
Present		
Imperfect	Present	
Future		
Present	Perfect	
Imperfect		

Construction	Typical Meaning
εἰς + infinitive	
πρός + infinitive	
ὥστε + infinitive	
μετά + infinitive	
ἐν + infinitive	
πρίν + infinitive	
πρό + infinitive	
διά + infinitive	
genitive articular infinitive (τοῦ + inf)	
anarthrous infinitive	

Unfamiliar Vocabulary

Prep		Definition		
ἀπό	G			
διά	G		παρά	G
	A			D
εἰς	A		περί	G
ἐκ	G			A
ἐν	D		πρό	G
ἐπί	G		πρός	A
	D		σύν	D
	A		ὑπέρ	G
κατά	G			A
	A		ὑπό	G
μετά	G			A
	A			

Personal Pronouns

	Singular		Plural	
	1st person	2nd person	1st person	2nd person
N				
G				
D				
A				

Unfamiliar Vocabulary

Principle Parts of Difficult Verbs

		Future	Aorist	Perfect
ἔρχομαι	P			
	M			
	A			
ἐσθίω	P			
	M			
	A			
λέγω	P			
	M			
	A			
οἶδα	P			
	M			
	A			
ὁράω	P			
	M			
	A			
φέρω	P			
	M			
	A			

Date		NT Reading		
Unfamiliar Vocabulary				

Indicative

		Present	Imperfect	Future
Active	1S			
	2S			
	3S			
	1P			
	2P			
	3P			
Middle	1S			
	2S			
	3S			
	1P			
	2P			
	3P			
Passive	1S	Same as Middle	Same as Middle	
	2S			
	3S			
	1P			
	2P			
	3P			

Date		NT Reading		
Unfamiliar Vocabulary				

Indicative

		1st Aorist	2nd Aorist	Perfect
Active	1S			
	2S			
	3S			
	1P			
	2P			
	3P			
Middle	1S			
	2S			
	3S			
	1P			
	2P			
	3P			
Passive	1S			Same as Middle
	2S			
	3S			
	1P			
	2P			
	3P			

Page 3

Date	Unfamiliar Vocabulary		NT Reading		3

		Present	Subjunctive	
			1st Aorist	2nd Aorist
Active	1S			
	2S			
	3S			
	1P			
	2P			
	3P			
Middle	1S			
	2S			
	3S			
	1P			
	2P			
	3P			
Passive	1S	Same as Middle		
	2S			
	3S			
	1P			
	2P			
	3P			

Page 4

Date	Unfamiliar Vocabulary		NT Reading		4

		Present	Imperative	
			1st Aorist	2nd Aorist
Active	2S			
	3S			
	2P			
	3P			
Middle	2S			
	3S			
	2P			
	3P			
Passive	2S	Same as Middle		
	3S			
	2P			
	3P			

	Infinitive		
	Present	Future	1st Aorist
A			
M			
P			

	2nd Aorist	Perfect	
A			
M			
P			

5

Date		NT Reading	
Unfamiliar Vocabulary			

εἰμί

	Indicative		
	Present	Imperfect	Future
1S			
2S			
3S			
1P			
2P			
3P			

	Subjunctive	Imperative
	Present	Present
1S		
2S		
3S		
1P		
2P		
3P		

	Infinitive	
	Present	Future

6

Date		NT Reading	
Unfamiliar Vocabulary			

	Article			Relative Pronoun		
	M	N	F	M	N	F
SN						
SG						
SD						
SA						
PN						
PG						
PD						
PA						

Noun Case Endings

	1st & 2nd Declension			3rd Declension	
	M	N	F	M/F	N
SN					
SG					
SD					
SA					
PN					
PG					
PD					
PA					

Date | **Unfamiliar Vocabulary** | **NT Reading**

Participle — Present

		M	N	F
Active	SN			
	SG			
	SD			
	SA			
	PN			
	PG			
	PD			
	PA			
Middle / Passive	SN			
	SG			
	SD			
	SA			
	PN			
	PG			
	PD			
	PA			

Date | **Unfamiliar Vocabulary** | **NT Reading**

Participle — 1st Aorist

		M	N	F
Active	SN			
	SG			
	SD			
	SA			
	PN			
	PG			
	PD			
	PA			
Middle	SN			
	SG			
	SD			
	SA			
	PN			
	PG			
	PD			
	PA			

9

Unfamiliar Vocabulary

Participle
1st Aorist

Passive	M	N	F
SN			
SG			
SD			
SA			
PN			
PG			
PD			
PA			

εἰμί
Participle

	M	N	F
SN			
SG			
SD			
SA			
PN			
PG			
PD			
PA			

10

Unfamiliar Vocabulary

Participle
Perfect

Active	M	N	F
SN			
SG			
SD			
SA			
PN			
PG			
PD			
PA			

Middle/Passive	M	N	F
SN			
SG			
SD			
SA			
PN			
PG			
PD			
PA			

Unfamiliar Vocabulary

μι Verbs

Indicative

		Present	Imperfect	Future
Active	1S			
	2S			
	3S			
	1P			
	2P			
	3P			

		Present	Perfect	
Active	1S			
	2S			
	3S			
	1P			
	2P			
	3P			

Infinitive

	Present	Aorist
Active		
Middle		
Passive		

Unfamiliar Vocabulary

μι Verbs

Subjunctive / Imperative

		Subjunctive		Imperative	
		Present	Aorist	Present	Aorist
Active	1S				
	2S				
	3S				
	1P				
	2P				
	3P				

Participle

	M		N		F	

	Active		Mid/Pas		Active		Middle		Passive	
	Present				**Aorist**					
	N	G	N	G	N	G	N	G	N	G

Unfamiliar Vocabulary

		Indicative	Optative
		Pluperfect	Present
Active	1S		
	2S		
	3S		
	1P		
	2P		
	3P		
Middle/Passive	1S		
	2S		
	3S		
	1P		
	2P		
	3P		

Tense	Meaning
	the effects of the past action are still felt
	the effects of the past action were felt for some time after the action, but they are no longer felt

Mood	Meaning
	probability or possibility
	wish

Unfamiliar Vocabulary

Periphrastic Construction (εἰμί + participle)

Tense of εἰμί	Tense of Participle	Tense
Present	Present	
Imperfect	Present	
Future		
Present	Perfect	
Imperfect	Perfect	

Construction	Typical Meaning
εἰς + infinitive	
πρός + infinitive	
ὥστε + infinitive	
μετά + infinitive	
ἐν + infinitive	
πρίν + infinitive	
πρό + infinitive	
διά + infinitive	
genitive articular infinitive (τοῦ + inf)	
anarthrous infinitive	

Unfamiliar Vocabulary

Prep / Definition

Prep		Definition			
ἀπό	G		παρά	G	
διά	G			D	
	A			A	
εἰς	A		περί	G	
ἐκ	G			A	
ἐν	D		πρό	G	
ἐπί	G		πρός	A	
	D		σύν	D	
	A		ὑπέρ	G	
κατά	G			A	
	A		ὑπό	G	
μετά	G			A	
	A				

Personal Pronouns

	Singular		Plural	
	1st person	2nd person	1st person	2nd person
N				
G				
D				
A				

Unfamiliar Vocabulary

Principle Parts of Difficult Verbs

		Future	Aorist	Perfect
ἔρχομαι	P			
	M			
	A			
ἐσθίω	P			
	M			
	A			
λέγω	P			
	M			
	A			
οἶδα	P			
	M			
	A			
ὁράω	P			
	M			
	A			
φέρω	P			
	M			
	A			

Date		NT Reading		
Unfamiliar Vocabulary				

		Indicative		
		1st Aorist	2nd Aorist	Perfect
Active	1S			
	2S			
	3S			
	1P			
	2P			
	3P			
Middle	1S			
	2S			
	3S			
	1P			
	2P			
	3P			
Passive	1S			Same as Middle
	2S			
	3S			
	1P			
	2P			
	3P			

Date		NT Reading		
Unfamiliar Vocabulary				

		Indicative		
		Present	Imperfect	Future
Active	1S			
	2S			
	3S			
	1P			
	2P			
	3P			
Middle	1S			
	2S			
	3S			
	1P			
	2P			
	3P			
Passive	1S	Same as Middle	Same as Middle	
	2S			
	3S			
	1P			
	2P			
	3P			

	Present	Subjunctive 1st Aorist	2nd Aorist
Active 1S			
2S			
3S			
1P			
2P			
3P			
Middle 1S			
2S			
3S			
1P			
2P			
3P			
Passive 1S			
2S			
3S	Same as Middle		
1P			
2P			
3P			

	Imperative Present	1st Aorist	2nd Aorist
Active 2S			
3S			
2P			
3P			
Middle 2S			
3S			
2P			
3P			
Passive 2S			
3S	Same as Middle		
2P			
3P			

	Present	Future	1st Aorist
Infinitive A			
M			
P			
2nd Aorist A			
M	Perfect		
P			

5

Unfamiliar Vocabulary

εἰμί

	Indicative		
	Present	Imperfect	Future
1S			
2S			
3S			
1P			
2P			
3P			

	Subjunctive	Imperative
	Present	Present
1S		
2S		
3S		
1P		
2P		
3P		

	Infinitive	
	Present	Future

6

Unfamiliar Vocabulary

	Article			Relative Pronoun		
	M	N	F	M	N	F
SN						
SG						
SD						
SA						
PN						
PG						
PD						
PA						

Noun Case Endings

	1st & 2nd Declension			3rd Declension	
	M	N	F	M/F	N
SN					
SG					
SD					
SA					
PN					
PG					
PD					
PA					

Date	Unfamiliar Vocabulary	NT Reading

Participle Present

	M	N	F
Active			
SN			
SG			
SD			
SA			
PN			
PG			
PD			
PA			
Middle / Passive			
SN			
SG			
SD			
SA			
PN			
PG			
PD			
PA			

Date	Unfamiliar Vocabulary	NT Reading

Participle 1ˢᵗ Aorist

	M	N	F
Active			
SN			
SG			
SD			
SA			
PN			
PG			
PD			
PA			
Middle			
SN			
SG			
SD			
SA			
PN			
PG			
PD			
PA			

Unfamiliar Vocabulary

Participle
1st Aorist

Passive	M		N		F
SN					
SG					
SD					
SA					
PN					
PG					
PD					
PA					

εἰμί
Participle

	M		N		F
SN					
SG					
SD					
SA					
PN					
PG					
PD					
PA					

Unfamiliar Vocabulary

Participle
Perfect

Active	M		N		F
SN					
SG					
SD					
SA					
PN					
PG					
PD					
PA					

Middle/Passive	M		N		F
SN					
SG					
SD					
SA					
PN					
PG					
PD					
PA					

Page 11

μι Verbs

Indicative

	Present	Imperfect	Future
Active			
1S			
2S			
3S			
1P			
2P			
3P			

	Aorist	Perfect
Active		
1S		
2S		
3S		
1P		
2P		
3P		

Infinitive

	Present	Aorist
Active		
Middle		
Passive		

Page 12

μι Verbs

	Subjunctive		Imperative	
	Present	Aorist	Present	Aorist
Active				
1S				
2S				
3S				
1P				
2P				
3P				

Participle

	Present		Aorist			
	Active	Mid/Pas	Active	Middle	Passive	
	N	G	N	G	N	G	N	G	N	G
M						
N						
F						

Unfamiliar Vocabulary

		Indicative	Optative
		Pluperfect	Present
Active	1S		
	2S		
	3S		
	1P		
	2P		
	3P		
Middle/Passive	1S		
	2S		
	3S		
	1P		
	2P		
	3P		

Tense	Meaning
	the effects of the past action are still felt
	the effects of the past action were felt for some time after the action, but they are no longer felt

Mood	Meaning
	probability or possibility
	wish

Unfamiliar Vocabulary

Periphrastic Construction (εἰμί + participle)

Tense of εἰμί	Tense of Participle	Tense
Present	Present	
Imperfect		
Future	Perfect	
Present		
Imperfect		

Construction	Typical Meaning
εἰς + infinitive	
πρός + infinitive	
ὥστε + infinitive	
μετά + infinitive	
ἐν + infinitive	
πρίν + infinitive	
πρό + infinitive	
διά + infinitive	
genitive articular infinitive (τοῦ + inf)	
anarthrous infinitive	

Unfamiliar Vocabulary

Prep		Definition		
ἀπό	G			
διά	G		παρά	G
	A			D
εἰς	A			A
ἐκ	G		περί	G
ἐν	D			A
			πρό	G
ἐπί	G		πρός	A
	D		σύν	D
	A		ὑπέρ	G
κατά	G			A
	A		ὑπό	G
μετά	G			A
	A			

Personal Pronouns

	Singular		Plural	
	1st person	2nd person	1st person	2nd person
N				
G				
D				
A				

Unfamiliar Vocabulary

Principle Parts of Difficult Verbs

		Future	Aorist	Perfect
ἔρχομαι	P			
	M			
	A			
ἐσθίω	P			
	M			
	A			
λέγω	P			
	M			
	A			
οἶδα	P			
	M			
	A			
ὁράω	P			
	M			
	A			
φέρω	P			
	M			
	A			

Unfamiliar Vocabulary

	Indicative		
	Present	Imperfect	Future
Active 1S			
2S			
3S			
1P			
2P			
3P			
Middle 1S			
2S			
3S			
1P			
2P			
3P			
Passive 1S	Same as Middle	Same as Middle	
2S			
3S			
1P			
2P			
3P			

Unfamiliar Vocabulary

	Indicative		
	1st Aorist	2nd Aorist	Perfect
Active 1S			
2S			
3S			
1P			
2P			
3P			
Middle 1S			
2S			
3S			
1P			
2P			
3P			
Passive 1S			Same as Middle
2S			
3S			
1P			
2P			
3P			

Unfamiliar Vocabulary

		Present	Subjunctive 1st Aorist	2nd Aorist
Active	1S			
	2S			
	3S			
	1P			
	2P			
	3P			
Middle	1S			
	2S			
	3S			
	1P			
	2P			
	3P			
Passive	1S	Same as Middle		
	2S			
	3S			
	1P			
	2P			
	3P			

Unfamiliar Vocabulary

		Present	Imperative 1st Aorist	2nd Aorist
Active	2S			
	3S			
	2P			
	3P			
Middle	2S			
	3S			
	2P			
	3P			
Passive	2S	Same as Middle		
	3S			
	2P			
	3P			

		Present	Future	1st Aorist
Infinitive	A			
	M			
	P			

		2nd Aorist	Perfect	
	A			
	M			
	P			

Date	NT Reading		
Unfamiliar Vocabulary			

εἰμί

		Indicative	
	Present	Imperfect	Future
1S			
2S			
3S			
1P			
2P			
3P			

	Subjunctive	Imperative
	Present	Present
1S		
2S		
3S		
1P		
2P		
3P		

	Infinitive	
	Present	Future

Date	NT Reading		
Unfamiliar Vocabulary			

	Article			Relative Pronoun		
	M	N	F	M	N	F
SN						
SG						
SD						
SA						
PN						
PG						
PD						
PA						

Noun Case Endings

	1st & 2nd Declension			3rd Declension	
	M	N	F	M/F	N
SN					
SG					
SD					
SA					
PN					
PG					
PD					
PA					

Page 7

Date		Unfamiliar Vocabulary	NT Reading

Participle Present

		M	N	F
Active	SN			
	SG			
	SD			
	SA			
	PN			
	PG			
	PD			
	PA			
Middle / Passive	SN			
	SG			
	SD			
	SA			
	PN			
	PG			
	PD			
	PA			

Page 8

Date		Unfamiliar Vocabulary	NT Reading

Participle 1st Aorist

		M	N	F
Active	SN			
	SG			
	SD			
	SA			
	PN			
	PG			
	PD			
	PA			
Middle	SN			
	SG			
	SD			
	SA			
	PN			
	PG			
	PD			
	PA			

Unfamiliar Vocabulary

Participle — 1st Aorist — Passive

	M	N	F
SN			
SG			
SD			
SA			
PN			
PG			
PD			
PA			

εἰμί — Participle

	M	N	F
SN			
SG			
SD			
SA			
PN			
PG			
PD			
PA			

Unfamiliar Vocabulary

Participle — Perfect

Active

	M	N	F
SN			
SG			
SD			
SA			
PN			
PG			
PD			
PA			

Middle/Passive

	M	N	F
SN			
SG			
SD			
SA			
PN			
PG			
PD			
PA			

Unfamiliar Vocabulary

μ Verbs

Indicative

Active	Present	Imperfect	Future
1S			
2S			
3S			
1P			
2P			
3P			

Active	Aorist	Perfect
1S		
2S		
3S		
1P		
2P		
3P		

Infinitive

	Present	Aorist
Active		
Middle		
Passive		

Unfamiliar Vocabulary

μ Verbs

Subjunctive / Imperative

Active	Subjunctive		Imperative	
	Present	Aorist	Present	Aorist
1S				
2S				
3S				
1P				
2P				
3P				

Participle

	Present		Aorist		
	Active	Mid/Pas	Active	Middle	Passive
	N	G	N	G	N	G	N	G
M						
N						
F						

Page 13

Unfamiliar Vocabulary

		Indicative	Optative
		Pluperfect	Present
Active	1S		
	2S		
	3S		
	1P		
	2P		
	3P		
Middle/Passive	1S		
	2S		
	3S		
	1P		
	2P		
	3P		

Tense	Meaning
	the effects of the past action are still felt
	the effects of the past action were felt for some time after the action, but they are no longer felt

Mood	Meaning
	probability or possibility
	wish

Page 14

Unfamiliar Vocabulary

Periphrastic Construction (εἰμί + participle)		
Tense of εἰμί	Tense of Participle	Tense
Present		
Imperfect	Present	
Future		
Present	Perfect	
Imperfect		

Construction	Typical Meaning
εἰς + infinitive	
πρός + infinitive	
ὥστε + infinitive	
μετά + infinitive	
ἐν + infinitive	
πρίν + infinitive	
πρό + infinitive	
διά + infinitive	
genitive articular infinitive (τοῦ + inf)	
anarthrous infinitive	

Page 15

Unfamiliar Vocabulary	

Prep — Definition

Prep		Definition			
ἀπό	G		παρά	G	
				D	
διά	G			A	
	A		περί	G	
εἰς	A			A	
ἐκ	G		πρό	G	
ἐν	D		πρός	A	
ἐπί	G		σύν	D	
	A				
	D		ὑπέρ	G	
κατά	A			A	
	G		ὑπό	A	
μετά	A			G	
	G				

Personal Pronouns

	Singular		Plural	
	1st person	2nd person	1st person	2nd person
N				
G				
D				
A				

Page 16

Unfamiliar Vocabulary	

Principle Parts of Difficult Verbs

		Future	Aorist	Perfect
ἔρχομαι	A			
	M			
	P			
ἐσθίω	A			
	M			
	P			
λέγω	A			
	M			
	P			
οἶδα	A			
	M			
	P			
ὁράω	A			
	M			
	P			
φέρω	A			
	M			
	P			

Unfamiliar Vocabulary

		Indicative		
		Present	Imperfect	Future
Active	1S	λύω	ἔλυον	λύσω
	2S	λύεις	ἔλυες	λύσεις
	3S	λύει	ἔλυε(ν)	λύσει
	1P	λύομεν	ἐλύομεν	λύσομεν
	2P	λύετε	ἐλύετε	λύσετε
	3P	λύουσι(ν)	ἔλυον	λύσουσι(ν)
Middle	1S	λύομαι	ἐλυόμην	λύσομαι
	2S	λύῃ	ἐλύου	λύσῃ
	3S	λύεται	ἐλύετο	λύσεται
	1P	λυόμεθα	ἐλυόμεθα	λυσόμεθα
	2P	λύεσθε	ἐλύεσθε	λύσεσθε
	3P	λύονται	ἐλύοντο	λύσονται
Passive	1S	Same as Middle	Same as Middle	λυθήσομαι
	2S			λυθήσῃ
	3S			λυθήσεται
	1P			λυθησόμεθα
	2P			λυθήσεσθε
	3P			λυθήσονται

Unfamiliar Vocabulary

		Indicative		
		1st Aorist	2nd Aorist	Perfect
Active	1S	ἔλυσα	ἔλαβον	λέλυκα
	2S	ἔλυσας	ἔλαβες	λέλυκας
	3S	ἔλυσε(ν)	ἔλαβε(ν)	λέλυκε(ν)
	1P	ἐλύσαμεν	ἐλάβομεν	λελύκαμεν
	2P	ἐλύσατε	ἐλάβετε	λελύκατε
	3P	ἔλυσαν	ἔλαβον	λελύκασι(ν)
Middle	1S	ἐλυσάμην	ἐγενόμην	λέλυμαι
	2S	ἐλύσω	ἐγένου	λέλυσαι
	3S	ἐλύσατο	ἐγένετο	λέλυται
	1P	ἐλυσάμεθα	ἐγενόμεθα	λελύμεθα
	2P	ἐλύσασθε	ἐγένεσθε	λέλυσθε
	3P	ἐλύσαντο	ἐγένοντο	λέλυνται
Passive	1S	ἐλύθην	ἐγράφην	Same as Middle
	2S	ἐλύθης	ἐγράφης	
	3S	ἐλύθη	ἐγράφη	
	1P	ἐλύθημεν	ἐγράφημεν	
	2P	ἐλύθητε	ἐγράφητε	
	3P	ἐλύθησαν	ἐγράφησαν	

Unfamiliar Vocabulary

	Present	Subjunctive	
		1ˢᵗ Aorist	2ⁿᵈ Aorist
Active			
1S	λύω	λύσω	λάβω
2S	λύῃς	λύσῃς	λάβῃς
3S	λύῃ	λύσῃ	λάβῃ
1P	λύωμεν	λύσωμεν	λάβωμεν
2P	λύητε	λύσητε	λάβητε
3P	λύωσι(ν)	λύσωσι(ν)	λάβωσι(ν)
Middle			
1S	λύωμαι	λύσωμαι	γένωμαι
2S	λύῃ	λύσῃ	γένῃ
3S	λύηται	λύσηται	γένηται
1P	λυώμεθα	λυσώμεθα	γενώμεθα
2P	λύησθε	λύσησθε	γένησθε
3P	λύωνται	λύσωνται	γένωνται
Passive			
1S	Same as Middle	λυθῶ	γραφῶ
2S		λυθῇς	γραφῇς
3S		λυθῇ	γραφῇ
1P		λυθῶμεν	γραφῶμεν
2P		λυθῆτε	γραφῆτε
3P		λυθῶσι(ν)	γραφῶσι(ν)

Unfamiliar Vocabulary

	Present	Imperative	
		1ˢᵗ Aorist	2ⁿᵈ Aorist
Active			
2S	λῦε	λῦσον	βάλε
3S	λυέτω	λυσάτω	βαλέτω
2P	λύετε	λύσατε	βάλετε
3P	λυέτωσαν	λυσάτωσαν	βαλέτωσαν
Middle			
2S	λύου	λῦσαι	βαλοῦ
3S	λυέσθω	λυσάσθω	βαλέσθω
2P	λύεσθε	λύσασθε	βάλεσθε
3P	λυέσθωσαν	λυσάσθωσαν	βαλέσθωσαν
Passive			
2S	Same as Middle	λύθητι	γράφηθι
3S		λυθήτω	γραφήτω
2P		λύθητε	γράφητε
3P		λυθήτωσαν	γραφήτωσαν

Infinitive

	Present	Future	Perfect	1ˢᵗ Aorist	2ⁿᵈ Aorist
A	λύειν	λύσειν	λελυκέναι	λῦσαι	λαβεῖν
M	λύεσθαι	λύσεσθαι	λελύσθαι	λύσασθαι	λαβέσθαι
P		λυθήσεσθαι		λυθῆναι	γραφῆναι

Date		NT Reading	
Unfamiliar Vocabulary			

εἰμί

Indicative

	Present	Imperfect	Future
1S	εἰμί	ἤμην	ἔσομαι
2S	εἶ	ἦς, ἦσθα	ἔσῃ
3S	ἐστί(ν)	ἦν	ἔσται
1P	ἐσμέν	ἦμεν, ἤμεθα	ἐσόμεθα
2P	ἐστέ	ἦτε	ἔσεσθε
3P	εἰσί(ν)	ἦσαν	ἔσονται

Subjunctive / Imperative

	Present (Subjunctive)	Present (Imperative)
1S	ὦ	
2S	ᾖς	ἴσθι
3S	ᾖ	ἔστω
1P	ὦμεν	
2P	ἦτε	ἔστε
3P	ὦσι(ν)	ἔστωσαν

Infinitive

Present	Future
εἶναι	ἔσεσθαι

Date		NT Reading	
Unfamiliar Vocabulary			

Article

	M	N	F
SN	ὁ	τό	ἡ
SG	τοῦ	τοῦ	τῆς
SD	τῷ	τῷ	τῇ
SA	τόν	τό	τήν
PN	οἱ	τά	αἱ
PG		τῶν	
PD	τοῖς	τοῖς	ταῖς
PA	τούς	τά	τάς

Relative Pronoun

	M	N	F
SN	ὅς	ὅ	ἥ
SG	οὗ	οὗ	ἧς
SD	ᾧ	ᾧ	ᾗ
SA	ὅν	ὅ	ἥν
PN	οἵ	ὅ	αἵ
PG		ὧν	
PD	οἷς	οἷς	αἷς
PA	οὕς	ἅ	ἅς

Noun Case Endings

	1st & 2nd Declension			3rd Declension	
	M	N	F	M/F	N
SN	ς	ν	-	ς / -	-
SG	υ		ς	ος	ος
SD	ι	ι	ι	ι	ι
SA	ν	ν	ν	α / ν	-
PN	ι	α	ι	ες	α
PG	ων	ων	ων	ων	ων
PD	ις	ις	ις	σι(ν)	σι(ν)
PA	υς	α	ς	ας	α

Unfamiliar Vocabulary

Participle Present

	M	N	F
Active			
SN	λύων	λῦον	λύουσα
SG	λύοντος		λυούσης
SD	λύοντι		λυούσῃ
SA	λύοντα	λῦον	λύουσαν
PN	λύοντες	λύοντα	λύουσαι
PG	λυόντων		λυουσῶν
PD	λύουσι(ν)		λυούσαις
PA	λύοντας	λύοντα	λυούσας
Middle / Passive			
SN	λυόμενος	λυόμενον	λυομένη
SG	λυομένου		λυομένης
SD	λυομένῳ		λυομένῃ
SA	λυόμενον	λυόμενον	λυομένην
PN	λυόμενοι	λυόμενα	λυόμεναι
PG	λυομένων		λυομένων
PD	λυομένοις		λυομέναις
PA	λυομένους	λυόμενα	λυομένας

Unfamiliar Vocabulary

Participle 1ˢᵗ Aorist

	M	N	F
Active			
SN	λύσας	λῦσαν	λύσασα
SG	λύσαντος		λυσάσης
SD	λύσαντι		λυσάσῃ
SA	λύσαντα	λῦσαν	λύσασαν
PN	λύσαντες	λύσαντα	λύσασαι
PG	λυσάντων		λυσασῶν
PD	λύσασι(ν)		λυσάσαις
PA	λύσαντας	λύσαντα	λυσάσας
Middle			
SN	λυσάμενος	λυσάμενον	λυσαμένη
SG	λυσαμένου		λυσαμένης
SD	λυσαμένῳ		λυσαμένῃ
SA	λυσάμενον	λυσάμενον	λυσαμένην
PN	λυσάμενοι	λυσάμενα	λυσάμεναι
PG	λυσαμένων		λυσαμένων
PD	λυσαμένοις		λυσαμέναις
PA	λυσαμένους	λυσάμενα	λυσαμένας

Unfamiliar Vocabulary

Participle

1st Aorist — Passive

	M	N	F
SN	λυθείς	λυθέν	λυθεῖσα
SG	λυθέντος		λυθείσης
SD	λυθέντι		λυθείσῃ
SA	λυθέντα	λυθέν	λυθεῖσαν
PN	λυθέντες	λυθέντα	λυθεῖσαι
PG	λυθέντων		λυθεισῶν
PD	λυθεῖσι(ν)		λυθείσαις
PA	λυθέντας	λυθέντα	λυθείσας

εἰμί Participle

	M	N	F
SN	ὤν	ὄν	οὖσα
SG	ὄντος		οὔσης
SD	ὄντι		οὔσῃ
SA	ὄντα	ὄν	οὖσαν
PN	ὄντες	ὄντα	οὖσαι
PG	ὄντων		οὐσῶν
PD	οὖσι(ν)		οὔσαις
PA	ὄντας	ὄντα	οὔσας

Unfamiliar Vocabulary

Participle

Perfect — Active

	M	N	F
SN	λελυκώς	λελυκός	λελυκυῖα
SG	λελυκότος		λελυκυίας
SD	λελυκότι		λελυκυίᾳ
SA	λελυκότα	λελυκός	λελυκυῖαν
PN	λελυκότες	λελυκότα	λελυκυῖαι
PG	λελυκότων		λελυκυιῶν
PD	λελυκόσι(ν)		λελυκυίαις
PA	λελυκότας	λελυκότα	λελυκυίας

Perfect — Middle/Passive

	M	N	F
SN	λελυμένος	λελυμένον	λελυμένη
SG	λελυμένου		λελυμένης
SD	λελυμένῳ		λελυμένῃ
SA	λελυμένον	λελυμένον	λελυμένην
PN	λελυμένοι	λελυμένα	λελυμέναι
PG	λελυμένων		λελυμένων
PD	λελυμένοις		λελυμέναις
PA	λελυμένους	λελυμένα	λελυμένας

Unfamiliar Vocabulary

μι Verbs

Indicative

	Present	Imperfect	Future
1S	δίδωμι	ἐδίδουν	δώσω
2S	δίδως	ἐδίδους	δώσεις
3S	δίδωσι(ν)	ἐδίδου	δώσει
1P	δίδομεν	ἐδίδομεν	δώσομεν
2P	δίδοτε	ἐδίδοτε	δώσετε
3P	διδόασι(ν)	ἐδίδοσαν	δώσουσι(ν)

	Aorist	Perfect
1S	ἔδωκα	δέδωκα
2S	ἔδωκας	δέδωκας
3S	ἔδωκε(ν)	δέδωκε(ν)
1P	ἐδώκαμεν	δεδώκαμεν
2P	ἐδώκατε	δεδώκατε
3P	ἔδωκαν	δέδωκαν

Infinitive

	Present	Aorist
Active	διδόναι	δοῦναι
Middle	δίδοσθαι	δόσθαι
Passive		δοθῆναι

Unfamiliar Vocabulary

μι Verbs

Subjunctive

	Present	Aorist
1S	διδῶ	δῶ
2S	διδῷς	δῷς
3S	διδῷ	δῷ
1P	διδῶμεν	δῶμεν
2P	διδῶτε	δῶτε
3P	διδῶσι(ν)	δῶσι(ν)

Imperative

	Present	Aorist
2S	δίδου	δός
3S	διδότω	δότω
2P	δίδοτε	δότε
3P	διδότωσαν	δότωσαν

Participle

		Present Active	Present Mid/Pas	Aorist Active	Aorist Middle	Aorist Passive
M	N	διδούς	διδόμενος	δούς	δόμενος	δοθείς
M	G	διδόντος	διδομένου	δόντος	δομένου	δοθέντος
F	N	διδοῦσα	διδομένη	δοῦσα	δομένη	δοθεῖσα
F	G	διδούσης	διδομένης	δούσης	δομένης	δοθείσης
N	N	διδόν	διδόμενον	δόν	δόμενον	δοθέν
N	G	διδόντος	διδομένου	δόντος	δομένου	δοθέντος

Periphrastic Construction (εἰμί + participle)

Tense of εἰμί	Tense of Participle	Tense
Present	Present	Present
Imperfect	Present	Imperfect
Future		Future
Present	Perfect	Perfect
Imperfect		Pluperfect

Construction	Typical Meaning
εἰς + infinitive	Purpose; Result
πρός + infinitive	Purpose
ὥστε + infinitive	Result
μετά + infinitive	Antecedent Time ("after")
ἐν + infinitive	Means; Contemporaneous Time (Present: "while"; Aorist: "as, when")
πρίν + infinitive	Subsequent Time ("before")
πρό + infinitive	
διά + infinitive	Cause
genitive articular infinitive (τοῦ + inf)	Purpose; Result
anarthrous infinitive	Purpose; Result; Complementary (with helper verb)

		Indicative	Optative
		Pluperfect	Present
Active	1S	(ἐ)λελύκειν	λύοιμι
	2S	(ἐ)λελύκεις	λύοις
	3S	(ἐ)λελύκει(ν)	λύοι
	1P	(ἐ)λελύκειμεν	λύοιμεν
	2P	(ἐ)λελύκειτε	λύοιτε
	3P	(ἐ)λελύκεισαν	λύοιεν
Middle/Passive	1S	(ἐ)λελύμην	λυοίμην
	2S	(ἐ)λέλυσο	λύοιο
	3S	(ἐ)λέλυτο	λύοιτο
	1P	(ἐ)λελύμεθα	λυοίμεθα
	2P	(ἐ)λέλυσθε	λύοισθε
	3P	(ἐ)λέλυντο	λύοιντο

Tense	Meaning
Perfect	the effects of the past action are still felt
Pluperfect	the effects of the past action were felt for some time after the action, but they are no longer felt

Mood	Meaning
Subjunctive	probability or possibility
Optative	wish

Unfamiliar Vocabulary

Prep		Definition	Prep		Definition
ἀπό	G	(away) from	παρά	G	from
διά	G	through		D	beside, in the presence of
	A	on account of		A	alongside of
εἰς	A	into, in, among	περί	G	concerning, about
ἐκ	G	from, out of		A	around
ἐν	D	in, on, among	πρό	G	before
ἐπί	G	on, over, when	πρός	A	to, towards, with
	D	on the basis of, at	σύν	D	with
	A	on, to against	ὑπέρ	G	in behalf of
κατά	G	down from, against		A	above
	A	according to, throughout, during	ὑπό	G	by
μετά	G	with		A	under
	A	after			

Personal Pronouns

	Singular		Plural	
	1st person	2nd person	1st person	2nd person
N	ἐγώ	σύ	ἡμεῖς	ὑμεῖς
G	μου (ἐμοῦ)	σου (σοῦ)	ἡμῶν	ὑμῶν
D	μοι (ἐμοί)	σοι (σοί)	ἡμῖν	ὑμῖν
A	με (ἐμέ)	σε (σέ)	ἡμᾶς	ὑμᾶς

Unfamiliar Vocabulary

Principle Parts of Difficult Verbs

		Future	Aorist	Perfect
ἔρχομαι	A	ἐλεύσομαι	ἦλθον	ἐλήλυθα
	M			
	P			
ἐσθίω	A	φάγομαι	ἔφαγον	
	M			
	P			
λέγω	A	ἐρῶ	εἶπον	εἴρηκα
	M			
	P		ἐρρέθην	εἴρημαι
οἶδα	A		ᾔδειν	
	M			
	P	εἰδήσω	ᾔδειν	
ὁράω	A		εἶδον	ἑώρακα
	M	ὄψομαι		
	P		ὤφθην	
φέρω	A		ἤνεγκα	ἐνήνοχα
	M	οἴσω		
	P		ἤνέχθην	

Made in the USA
Las Vegas, NV
05 August 2024